AF276744

EDICIONES POPULARES

Ciro García, ocd - Restituto Palmero, ocd

Vida de Chiquitunga

María Felicia de Jesús Sacramentado
Guggiari Echeverría

Carmelita Descalza de Paraguay

1925-1959

FONTE
GRUPO EDITORIAL

© 2024 Grupo Editorial Fonte.

P. del Empecinado, 1; Apdo. 19 – 09080 – Burgos.

Tfno.: 947 25 60 61

www.montecarmelo.com

www.grupoeditorialfonte.com

editorial@grupoeditorialfonte.com

ISBN: 978-84-10023-72-7

Depósito Legal: BU-392-2024

Diseño y composición: GD Estudio.

Impresión y encuadernación: Grupo Editorial Fonte – Burgos.

Impreso en España. Printed in Spain.

ÍNDICE

"He pedido la destrucción,
si necesario fuese,
de cada uno de mis miembros,
sentidos y facultades,
así aislados como en conjunto.
Es necesario de urgencia santificarnos,
para poder dar algo a los demás" (Diario A)

INTRODUCCIÓN

Esta breve biografía de María Felicia de Jesús Sacramentado, familiarmente conocida como Chiquitunga, es una adaptación de la Vida de María Felicia escrita por Julio Félix Barco, ocd; ha tenido cuatro ediciones en Paraguay. Es una biografía abreviada, de divulgación, para iniciar al lector en el conocimiento de esta figura del carmelo paraguayo, desbordante de simpatía y de amor; gran apóstol de Acción Católica, que culminó sus días en el Carmelo de Asunción con fama de santidad y que hoy es beata, proclamada por el Papa Francisco el 23 de junio de 2018.

Si bien es una biografía basada en la documentación de sus escritos y en los numerosos testimonios que la conocieron, no describe todas las fuentes ni da razón de esta amplia documentación, como sería de desear en una "biografía crítica". Se ha publicado un estudio sobre la Vida y Escritos de María Felicia Guggiari Echeverría, en Monte Carmelo.

Esta biografía tiene cuatro etapas, determinadas por los cuatro ambientes en que se desarrolló su vida: Villarrica (1925-1950); Asunción (1950-1955); el Carmelo (1955-1959); el Hospital de la Cruz Roja (1959).

Su vida es una vida enamorada de Jesús y de la Iglesia, apóstol y contemplativa, eucarística y sacerdotal, preocupada por los pobres y por los enfermos.

Una figura de gran actualidad para la tarea evangelizadora de la Iglesia actual, que está llamada a romper las fronteras de su país natal y a proyectarse como faro luminoso en la Iglesia universal.

Ciro García, ocd

Foto que se hizo por indicación de su padre, antes de ingresar Carmelita Descalza en Asunción.

"Yo me entrego a ti, no sé a qué, pero me entrego; con miedo, sin embargo, y con cobardía, pero me entrego" (Diario C)

GUIÓN BIOGRÁFICO

1925 12-enero

> María Felicia nace en Villarrica del Espíritu Santo, en el seno de una familia cristiana. Sus padres se llamaban Ramón Guggiari y Arminda Echeverría.

1928 28-febrero

> Recibe el bautismo en la Catedral de Villarrica.

1930 07-marzo

> Comienza su formación primaria en el colegio "M.ª Auxiliadora" de Villarrica.

1932 8-diciembre

> Recibe su primera comunión en la Catedral de Villarrica.

1937 10-marzo

> Inicia sus estudios secundarios en la Escuela Normal N.º 2 "Manuel Gondra" de Villarrica.

1941

> A los 16 años, ingresa en las filas de la Acción Católica de Villarrica.

1942

Obtiene el título de Maestra Nacional.

1945

Recibe el sacramento de la Confirmación en la
Catedral de Villarrica.

1950

Se traslada con su familia a Asunción e ingresa en
la Escuela Normal N.º 1 de Profesores "Presidente
Franco". Se incorpora también en las filas de la
Acción Católica de Asunción.

1950   23-abril

Primer encuentro en la Acción Católica con Ángel
Sauá Llanes, con quien compartió el Ideal y una
profunda amistad.

1951-1952

Ejerce el magisterio en la Escuela Parroquial de los
Padres Redentoristas.

1952   10-abril

Sauá parte para Europa.

1952 20-agosto

> Providencial entrevista en el Hospital Español con la priora de las Carmelitas Descalzas de Asunción, madre Teresa Margarita del Sagrado Corazón.

1952

> Culmina sus estudios de Profesora Normal.

1953 9-mayo

> Es nombrada Delegada Arquidiocesana de Pequeñas de la Acción Católica Paraguaya.

1954 17-enero

> Comienza los ejercicios espirituales en los que el Señor le hace oír claramente su llamada al Carmelo.

1954 8-septiembre

> Se consagra a la Santísima Virgen en el marco del Año Mariano.

1954 6-noviembre

> Hace ejercicios espirituales y el Señor le hace oír claramente su llamado a la vida religiosa.

1955 2-febrero

> Ingresa en el monasterio de las Carmelitas Descalzas de Asunción.

1955   **14-agosto**

Viste el hábito de Carmelita Descalza con el nombre de María Felicia de Jesús Sacramentado.

1956   **15-agosto**

Hace sus votos religiosos por tres años en manos de la madre Teresa Margarita del Sagrado Corazón.

1959   **9-enero**

Enferma de hepatitis infecciosa y se la interna en la Cruz Roja.

1959   **22-marzo**

El miércoles Santo es dada de alta y se reintegra a la comunidad.

1959   **26-marzo**

El domingo de Pascua, su hermano médico diagnostica "Púrpura", y se la internó nuevamente.

1959   **28-abril**

Pide la lean el poema de Santa Teresa de Jesús: "Muero porque no muero". Se yergue de pronto en su cama y exclama: *"¡Jesús, te amo! ¡que dulce encuentro! ¡Virgen Maria!* Y Jesús la lleva con El.

1997　**30-mayo**

El Sr. Arzobispo de Asunción, Mons. Felipe
Santiago Benítez, solicita la introducción de la
causa.

1997　**13-diciembre**

Apertura del Proceso Diocesano en Asunción -
Paraguay.

2000　**28-abril**

Clausura del Proceso Diocesano en Asunción
(Paraguay).

2000　**8-mayo**

El Proceso Diocesano se manda a Roma.

2000　**10-mayo**

El Proceso Diocesano se entrega a la Congregación
para la Causa de los Santos.

2002　**22-febrero**

Se da el Decreto de validez del Proceso Diocesano y
se nombra un Relator.

2004　**24-junio**

El Relator de la Causa de la Sierva de Dios, hace
entrega al Promotor de la Fe de la "Positio".

2005   **19-abril**

Se abre el Proceso sobre un presunto milagro.

2007   **27-abril**

Se clausura el informe de un presunto milagro y se manda a Roma.

2009   **20-marzo**

Los teólogos dan su voto positivo sobre las virtudes heroicas.

2010   **27-marzo**

Aprobado el "Decreto sobre las Virtudes heroicas de la Sierva de Dios María Felicia de Jesús Sacramentado", su Santidad el Papa Benedicto XVI, la declara Venerable.

2017   **1-junio**

La consulta médica aprueba el presunto milagro atribuido a Mª. Felicia de Jesús Sacramentado.

2011   **24-septiembre**

Hallazgo del cerebro petrificado de Mª Felicia.

2015   **28-abril**

Se inaugura el Oratorio de Mª Felicia fuera de clausura.

2017   **30-noviembre**

Aprobación de presunto milagro por los teólogos consultores.

2018   **24-marzo**

Los restos de María Felicia fueron llevados a Italia para un tratamiento de conservación.

2018   **23-junio**

En el estadio de Cerro Porteño de Paraguay, con gran júbilo del pueblo paraguayo, fue Beatificada por el enviado del Papa el cardenal Angelo Amato.

I.

MARÍA FELICIA EN VILLARRICA

(1925-1950)

INFANCIA Y ADOLESCENCIA (1925 -1940)

LOS GUGGIARI EN EL PARAGUAY

María Felicia Guggiari Echeverría, conocida familiarmente como "Chiquitunga", nació en Villarrica del Espíritu Santo, República del Paraguay, en la ciudad de la cuna del Liberalismo paraguayo. Pertenecía a una familia típicamente liberal, con todas sus consecuencias positivas y negativas. Señalamos una positiva: la valoración de la libertad, de los derechos humanos y de la justicia, excelente base para vivir comprometidamente ese aspecto fundamental del Sermón de la Montaña. Y otra negativa: cierta frialdad religiosa familiar, que, en este caso, quedó contrarrestada por la formación catequística de un colegio religioso y dio ocasión a que la niña madurase precozmente en una fe personal, consciente y comprometida.

Los Guggiari habían llegado al Paraguay durante la guerra de la Triple Alianza, (1864-1870), cuando ya la capital Asunción había caído en manos de los aliados y las fuerzas nacionalistas se replegaban lentamente en permanente lucha hacia el lugar de la hecatombe final, Cerro Corá (1870).

Eran tres hermanos suizos, procedentes del cantón de sangre y lengua italianas, Lugano. Pedro, Agustín y José Guggiari. Pedro regresó pronto a sus montañas alpinas; Agustín y José se establecieron en Villarrica.

Cuando, después de la pulverización del Paraguay próspero de antes, empezó la reconstrucción difícil de la nación, guiada por quienes no habían conocido otro sistema que el dictatorial, el villarriqueño Antonio Taboada levantó la bandera del Partido Liberal en defensa de las libertades cívicas, y los hermanos Guggiari, demócratas suizos y partícipes en buen grado de los ideales garibaldinos, se le unieron fervorosamente.

Ellos y sus hijos llegaron a ocupar puestos de gran relevancia en el movimiento liberal. José Patricio Guggiari, hijo de José, figuró pronto en las primeras filas del Partido y llegaría a ser elegido Presidente de la República (1927-1932). Modesto Guggiari, hijo de Agustín, fue senador por el Partido Liberal, y su hermano Ramón, sin intervenir en la dirección del partido, fue un militante ferviente, con todas las consecuencias.

Pues en este Paraguay de un pasado reciente trágico, recreado por las mujeres, y en vías de franco progreso económico, llegó al mundo el 12 de enero de 1925 María Felicia Guggiari Echeverría, precisamente en Villarrica, la patria del liberalismo paraguayo.

LA FAMILIA GUGGIARI ECHEVERRÍA

El 24 de mayo de 1925, Ramón Guggiari, soltero de 30 años, contraía matrimonio con la joven de 19, Arminda Echeverría, de cuyos antepasados, a pesar de su primer apellido vasco-español, sólo podemos suponer que habían contribuido a la formación del Paraguay mestizo.

De *don Ramón* resaltan los hijos su fuerte personalidad: laboriosidad, honestidad, responsabilidad, amor al hogar; comerciante en maderas (incluso las trabajaba como carpintero), inteligente y leído; defensor de los derechos cívicos. De conducta moral intachable.

De *doña Arminda*, casada y madre en plena juventud, sus hijos admiran la absoluta compenetración con su esposo, en el que procuraba se centrase el cariño de los hijos; mujer fuerte, respaldaba al luchador que era su marido, totalmente entregada a él y a sus hijos.

En punto a religión, el papá era el típico liberal de la época, con ribetes de anticlericalismo. La mamá apoyaba la religiosidad de la familia, con una práctica más regular y ciertos rezos familiares. Por suerte, las vidas de ambos eran ejemplares y con su ejemplo inculcaban a los hijos auténticos valores cristianos.

El genio político, algunas veces, hasta se le podía salir de madre a don Ramón o a Freddy su hijo y comprometer la estabilidad de la casa o de alguno de sus miembros. El hecho político de que uno de los Guggiari llegara a ser presidente de la República no fue, precisamente, una invitación a la paz y respeto de la familia. Pero don Ramón fue siempre muy consciente de que

D. Ramón Guggiari
Dª. Arminda Echeverría
Padres de María Felicia

toda entrega se justificaba suficientemente en el servicio que se prestaba a una causa democrática que se pensaba literalmente inevitable en momentos en que el Paraguay podía oscilar -como así fue- entre dictadura y democracia.

Económica y socialmente eran una familia de clase media alta, aunque pasaron épocas difíciles; en su medio ambiente era una familia conocida y respetada.

Siete hijos llegaron a tener, de los que María Felicia fue la primogénita. Nacida el 12 de enero de 1925, extrañamente no fue bautizada hasta el 28 de febrero de 1928, cuando contaba ya tres años y casi dos meses, junto con los dos siguientes vástagos: María Teresa (Mañica) y Federico (Freddy).

EDUCACIÓN PRIMERA

Dos factores fueron determinantes en su educación: la familia, con sus valores humanos, y el colegio católico, con su formación sólidamente religiosa.

Respecto a la familia, los recuerdos coinciden en el cariño y la unión familiar que experimentó la niña desde su infancia.

El papá, con su temperamento fuerte y luchador, se mostraba satisfecho de los suyos y singularmente de su primogénita. La mamá, excelente esposa y madre, ejerció con su psicología

Mª. Felicia en el centro con sus hermanos: Mª. Teresa (Mañica) y Federico (Freddy).

una gran influencia en ella. "Su madre fue una gran señora, con actitudes maravillosas, tranquila y alegre, a pesar de los momentos difíciles, y estoy convencida de que Chiquitunga, de una u otra manera, tiene influencia de su madre en lo que respecta a su persona".

Al Colegio de María Auxiliadora de las Hnas. Salesianas, llegó María Felicia con cinco añitos. La exposición sencilla de los misterios cristianos despertó precozmente en su corazón el amor a Jesús y a María. Aquella imagen de la Virgen ofreciéndole a Jesús y aquel "Mimisito" que tendía hacia ella sus "manitas" le robaban el corazón. Pero sobre todo, la casita de Jesús, el Sagrario, la hechizaba. ¡Cuantísimas veces corría a la capilla y se estaba allí!

Las Hermanas hablaban también con frecuencia de los santos niños Domingo Savio y Laura Vicuña, y sus ejemplos hicieron de ella una pequeña heroína de la caridad. Un día, en pleno invierno, se despojó de su abrigo y lo regaló a una niñita que tenía frío.

"Cierta vez -nos lo cuenta la madre- el papá obsequió a María Felicia y a su hermanita menor María Teresa, "Mañica" sendos abriguitos muy bonitos, que estrenaron en un día de mucho frío. Volvió del Colegio estremecida de frío. ¿Qué había ocurrido? Junto a ella se encontró aquel día una niña temblorosa, y sin pensarlo dos veces, se desprendió del abrigo y cubrió a su vecinita accidental. Su hermanita, escandalizada del hecho, la acusó ante sus padres. Pero las inquisiciones y veladas amenazas nada obtuvieron de ella. "Pero ves, papito, que no siento frío" -repetía, pasando las manitas por el brazo desnudo y tiritante. "No siento frío".

A los ocho años, comenzó el primer grado de Primaria. Era la más inteligente y brillante de los hermanos. Pero entonces, como siempre, allí como en todas partes, era la amiguita universal, sonriente y al servicio de los otros. Sólo que era vivaracha y juguetona. Cierto día, desde su pupitre, junto a la ventana que daba a la calle, para tentar a la Hermana, se puso a hacer gestos como que hablaba con alguien que estuviese fuera. La Hermana salió intrigada y ¡no había nadie! El 8 de diciembre de 1933 María Felicia, recibía a Jesús Eucaristía por vez primera: "La primera unión con mi Dios".

Catedral de Villarrica donde fue bautizada

PRIMERA COMUNIÓN

De su preparación sabemos muy poquito. Fue un día la cate-
quista quien les propuso una parábola: Una niña llevaba siempre su guardapolvo blanco sucio, desagradable; otra al revés,
siempre limpio y atractivo. Para recibir a Jesús y agradarle y
tenerlo contento, cuando le recibimos, hemos de ir con el alma
limpia y hermosa. Desde entonces ella procuró tener siempre
el guardapolvo bien blanco para recordarse a sí misma cómo
debía recibir a Jesús.

De su experiencia espiritual en ese gran día sólo sabemos lo
que escribió, muy de paso, años más tarde: "Nunca se borrará
de mi mente el recuerdo del día más feliz de mi vida, el día de
la primera unión con mi Dios y el punto de donde parte mi
resolución de ser cada día más buena y mejor".

¡Primera unión de amor! Esa fue su primera comunión. Y más:
también punto de partida, muy conscientemente, hacia la santidad. Un camino donde van a aparecer muy juntos la unión de
amor con Jesús y los frutos de virtudes y de cambio.

Sus hermanos dan testimonio de esos frutos o virtudes. Nos
dicen que era buenísima.

AMIGUITA DE TODAS: compañera normalísima, pero especial; "con ella no había peleas; ella era la más alegre".

SOCIABLE Y SERVICIAL: "Siempre atenta a las necesidades de los otros; era muy querida por toda Villarrica, porque era muy alegre, sociable y servicial con todos".

AMIGA DE LOS POBRES: con admirables rasgos de desprendimiento para con ellos. ¡Cómo la querían, por eso, los ancianitos necesitados a los que visitaba! "Los viejecitos se allegaban a ella a besarle la orla del guardapolvo. Siempre fueron sus más queridos amigos".

MODESTA Y SENCILLA: con su inconfundible guardapolvo blanco: "Era imposible vestirla de otro modo -recuerda la mamá-. Desde muy pequeñita impuso su voluntad en este sentido". Y no por capricho, sino porque el guardapolvo blanco era el símbolo de la pureza en que quería mantener su corazón para Jesús. Pero además para ser acogida más natural y fácilmente entre sus queridos pobres, viejecitos y enfermos. Un vestido a tono con su apellido Guggiari y sobrina de un presidente de la República habría producido distanciamiento de sus amigos, los pobres.

AFICIONADA A ORAR: "Rezaba mucho; era muy devota de María Auxiliadora". Arrastraba consigo a las niñas al Sagrario. Incluso un día la muchachita dijo ingenuamente en casa que le gustaría ser Hija de María Auxiliadora. La mamá reaccionó con dureza: "Estas monjas están embaucando a mi hija; la voy a sacar de ahí". Pero la mamá, sensata, no la sacó.

Siendo María Felicia la mayor, se podría esperar de ella dentro de la familia actitudes de cierta superioridad, para ser obedecida por sus otros cinco hermanitos. Pero no; le bastaba la dulzura. "Nunca recibimos de ella, por nuestras travesuras, más que una mirada de reproche o una dulce sonrisa, o una palabra tan suave que más nos alentaba a mortificarla, por ver si perdía el control, sin resultado, por supuesto".

Sus hermanas aseguran: "En esa época, la relación familiar era buenísima. Era siempre muy maternal, la hermana mayor, en cuidados y afectos. Éramos una hermosa familia. Ella era la hermana buena".

Dentro y fuera de casa, María Felicia, niña y adolescente, era la amiguita de Jesús y de todos.

PRIMERA JUVENTUD (1941 - 1950)

Un año más, inauguraría su juventud. Otro año más, sentiría la llamada de Jesús a seguirle en el apostolado de la Acción Católica. Se le iba a encender un Ideal de amor en su vida.

Conviene recordar aquí las difíciles circunstancias políticas que empezaron a marcar la vida de los Guggiari.

Cuando el 7 de septiembre de 1940 murió en accidente de aviación el Mariscal José Félix Estigarribia, presidente de la República entonces, vencedor de la guerra del Chaco en 1935 y fortalecedor de las instituciones democráticas, podemos decir que murió la democracia para muchos años en la nación.

Su sucesor, el general Higinio Morínigo, encandilado tal vez por los triunfos militares del nazismo en Europa, inició una política dictatorial y de represión contra las fuerzas liberales colaboradoras de Estigarribia. Aceptando el apoyo del partido colorado, disolvió por decreto el partido liberal.

La victoria de los Aliados en 1945 en la II Guerra Mundial, debilitó la posición del Gobierno, que permitió, en una breve "primavera democrática" de 4 meses, el regreso del exilio de los directivos liberales.

En cuanto a la Iglesia, se iba afianzando la organización pastoral de la joven Provincia eclesiástica del Paraguay y empezaron a soplar aires de renovación bajo la dirección del ya anciano pero vigoroso Arzobispo Mons. Sinforiano Bogarín y el joven sacerdote Ramón Pastor Bogarín Argaña.

Éste había venido hacía poco de Roma; era entusiasta de los nuevos métodos pastorales de la Acción Católica y en concreto de la llamada encuesta de la Juventud Obrera Católica. Se lanzó a la restauración de la Acción Católica en Asunción. Otro presbítero joven, Juan Cipriano Prieto, hacía otro tanto en Villarrica. Ello iba a ejercer un influjo muy determinante en María Felicia, que bajo la dirección del P. Prieto, se iba a iniciar en los caminos de la santidad y del apostolado.

En el verano de 1941, María Felicia acababa de cumplir 16 años. Hubo una primera convocatoria de señoritas en la parroquia de Villarrica. Ella "fue de las primeras en alistarse en el providencial movimiento" y quedó nombrada encargada de las Aspirantes. Fue la apertura de un horizonte nuevo en su vida.

Después de casi dos años de adhesión entusiasta a la Acción Católica, María Felicia, totalmente enamorada ya de Jesús, se consagró al apostolado, convencida de su vocación integral a él. Fue una consagración radical en virginidad: en alma y cuerpo, y además con una intención bien concreta: por los *sacerdotes*.

"Señor, toma, te ruego, la ofrenda de mi vida; hoy más que nunca yo te [la] entrego, mi Dios. Si ayer me consagraba a Ti por tus ministros, cual pequeñita Hostia de Amor y reparación, hoy es, Señor, que tiene sentido vivo y puro mi entrega y mi ofertorio, pues es concreto y cierto, y tiene más sentido mi pobre inmolación; ahora más que nunca tiene sentido mi vida, mis acciones, mi intimidad contigo, Maestro de la Vida, y es cuando más se afirma la necesidad de luchar sin descanso y sin desmayo, sin dar tregua alguna al cuerpo y fortaleciendo el alma con oraciones, sacrificios y mortificaciones.

Ahora más que nunca es necesaria la oblación lenta de un extinguirse suave, la inmolación diaria de un acabarme por que crezca él. ¡Gracias, mi Dios; gracias, Señor! Indigna soy una y mil veces, ayúdame a responder con todas las potencias de mi alma, con todos los sentidos de mi cuerpo, [con] la destrucción de todo mi ser. Yo te consagro todo, todo, todo, Señor... Ser una "pequeñita Hostia de Amor y reparación, por ellos, porque es necesario que todos sean santos".

Renovaba esta consagración infinidad de veces, y lo hacía con una "fórmula", que recordaba en cierto modo las fórmulas de química estudiadas en la Normal de Magisterio: T2OS: "Todo Te Ofrezco, Señor".

Sus poemas íntimos en esta época son canciones de enamorada, porque lo estaba perdidamente de Jesús, y así desvió una y otra vez las solicitudes de los admiradores que se interesaban por ella.

La Acción Católica fue su escuela de santidad y apostolado. En ella se formó como cristiana y aprendió a ser apóstol, pues en-

María Felicia a los 16 años

contró medios excelentes: la dirección espiritual del P. Prieto, los círculos de estudio, los retiros, las asambleas diocesanas o nacionales, y una biblioteca notablemente nutrida. "Los centros y círculos eran escuelas de una nueva y reflexiva manera de ser cristiano. Lo eran, además, de un modo más comprometido y crítico de ser humano".

Cuando María Felicia llegue a Asunción en 1950 y comience el período más duro en su ascensión hacia la santidad, estará ya pertrechada con todas las armas para la lucha.

No hay duda. María Felicia estaba enamorada de Jesús. Sólo viéndola así, como la enamorada de Jesús, se puede entender su juventud. El Ideal que atraía todo su ser a sus 16 años, no era una idea, ni un programa, sino una Persona: *Jesucristo*, el Jesús de los Evangelios, a quien ella encontraba en la intimidad de la oración y en el Sagrario. El centro de toda su vida era la eucaristía diaria. Y junto a Jesús, la Santísima Virgen en su corazón y en sus prácticas piadosas: diariamente rezaba los quince misterios del Rosario.

Vivía y actuaba como enamorada en todos los aspectos de su vida.

En el apostolado de la Acción Católica, colaborando en "todas las ramas, porque su ardor traspasaba toda frontera precisa"; entregada a "las niñas y adolescentes, «las pequeñas»": era común verla saltar y cantar con ellas con una alegría de vivir tan admirable como contagiosa; a las señoritas de la Asociación de Señoritas de la Acción Católica", en la Escuela Normal, pues allí se había establecido un centro; a los marginados, sus preferidos desde cuando niña y que lo seguirían siendo siempre.

En su idealismo juvenil, llegó a soñar ya entonces en las misiones entre infieles.

En la familia vivía feliz; hacedora de paz y consejera; sembradora de alegría; olvidada de sí por dar gusto a los otros. "El ambiente de casa era hermoso; una familia muy bien constituida, unida; ella era el nexo para eso. Todos ponderaban cómo era acogedora la familia; pero en realidad la que hacía que fuera acogedor su hogar era Chiquitunga".

En el estudio del Magisterio, que pudo iniciar en la Escuela Normal de Maestros N° 2 Manuel Gondra, y seguir durante cinco años, hasta terminar la carrera de maestra en 1945. También aquí fue alumna y compañera ejemplar.

En la vida de sociedad, sus relaciones juveniles (amistades, diversiones) estuvieron marcadas por su proyecto de vida. El de los padres para ella era el matrimonio; por eso la querían más metida en la vida de sociedad. Pero los pensamientos de María Felicia, centrados siempre en Jesús, no iban en esa dirección, y en consecuencia, sus relaciones tenían características singulares. Si por temperamento era extraordinariamente sociable: amiga de todos; jugaba voleibol, etc., por opción de amor a Jesús y a los pobres, solamente frecuentaba las fiestas familiares, las de Acción Católica o las estudiantiles, de las que ella era organizadora. Al Club de la alta sociedad, al que concurría su familia, ella iba, pero obligada por papá o por mamá.

Dicen quienes la conocieron: "Era una chica que inspiraba cariño, ternura; era muy alegre. Hacía de la amistad un culto. Era muy discreta". Y al mismo tiempo, era sencilla, modesta: "Nosotras sus hermanas éramos muy coquetas; ella no. Vivía con sus trenzas y vestidos blancos o celestes".

LA GUERRA CIVIL DE 1947

Desde este año se oscureció trágicamente el horizonte social. En reclamo de la renuncia del dictador H. Morínigo y de la vuelta al orden institucional, estalló la revolución: se alinearon en ella los partidos liberal, febrerista y comunista, respaldados por las guarniciones militares de Concepción y de parte de las del Chaco, junto con la Marina. Las fuerzas sublevadas llegaron a poner sitio a Asunción, pero ante la imposibilidad de rendir a un gobierno dictatorial, defendido por unidades militares leales y por el partido colorado, así como apoyado desde fuera de las fronteras por el presidente argentino, Juan Domingo Perón, los rebeldes se dispersaron y en buena parte se refugiaron en Argentina, entre ellos, don Ramón Guggiari, que se instaló en Posadas de Argentina, frente a Encarnación.

Durante el exilio de Don Ramón (1947-1948), María Felicia fue la mujer fuerte que, a sus 22 años, estaba en todos los asuntos de la casa, como una mujer hecha y derecha: en el nacimiento de la benjamina: María Clotilde Intiyán, Hamaruth; en el levantamiento de la hipoteca de la casa, que en cualquier momento podría ser rematada y caer en manos de adversarios políticos que la deseaban, quedando la mamá con sus seis hijas en la calle. Doña Arminda y María Felicia se afanaron por obtener el dinero para levantarla, y lo consiguieron.

Para esos adversarios políticos, que incluso le impedían el acceso a los estudios de Profesorado, María Felicia no tenía sino perdón; y para inculcarlo en los demás, compuso una canción de pensamiento político cristiano. "Perdón" y "reconciliación" era la consigna:

> *Tended la mano a vuestro adversario,*
> *vuestro adversario tradicional…*

Don Ramón regresó, al fin, del destierro en Argentina. Claro que, vejado de diferentes maneras por el "oficialismo", buscó otro asentamiento más tranquilo para sí y, sobre todo, para los suyos, y en el mes de febrero de 1950 la familia se trasladó a Asunción.

Lo político y social en nada disminuyó su tensión contemplativa o apostólica: ni la guerra, ni las tensiones políticas, ni las estrecheces económicas.

Próxima a cumplir sus 25 años en Villarrica, en enero de 1950, Jesús era su Ideal, al que amaba apasionadamente y al que se ofrecía virginal e incondicionalmente, según su lema:

Todo te ofrezco Señor. Incluso muchas veces decía: "¡Qué hermoso sería tener un amor, renunciar a ese amor, y juntos inmolarlo al Señor por el Ideal". ¡Un día esto será realidad! Pero en ese momento ignoraba lo que le iba a costar.

Asunción - Paraguay

Catedral Metropolitana de Asunción

II.

MARÍA FELICIA EN ASUNCIÓN

(1950-1955)

AÑOS INTENSOS, PROFUNDOS

Llegados los Guggiari a Asunción y domiciliados en el barrio Sajonia, término parroquial de Cristo Rey, María Felicia hizo sin tardar tres cosas: incorporarse a la Acción Católica en su parroquia; inscribirse en la Escuela Normal N° 1, para continuar los estudios de Profesorado; buscar trabajo con que ayudar a la familia, lo que encontró pronto en la escuela El Perpetuo Socorro. E inició al punto la actividad en la Acción Católica, en su grupo natural, Asociación de Señoritas de la Acción Católica; en la dirección de las Pequeñas, que eran sus preferidas. Inició también su actividad en el Sector de Estudiantes de Acción Católica establecido en la Normal. Y como otra de sus preferencias eran las jóvenes obreras, se dio a atender a las empleadas domésticas, que, de 80 a 100, se reunían en la parroquia de la Encarnación.

Pero además del apostolado organizado en la Acción Católica, al que ella siguió entregada apasionada y fielmente, a nivel parroquial, diocesano y nacional, desviviéndose por los diferentes sectores: niñas, señoritas, estudiantes, jocistas, etc., María Felicia tenía el corazón abierto al apostolado personal de todos los necesitados material o espiritualmente: ancianos, enfermos, alejados, encarcelados.

En familia, a sus 25 años, seguía viviendo en perfecta compenetración con los suyos, a pesar de la "diferente actitud religiosa" de ellos, especialmente del papá, que seguía oponiéndose, incluso violentamente, al apostolado de su hija, tanto más que ésta no secundaba el proyecto de casamiento imaginado para ella.

Visita a Marcelino Valiente en la cárcel de Asunción

En la vida social siguió normalísima: abierta a todos, amiga y compañera ideal, expansiva, y generosa. Sabía divertirse y divertir a los demás, sin perder nunca de vista su entrega radical a Jesús y al apostolado.

En cada uno de estos ambientes y lugares de Asunción desarrolló un intenso apostolado. Son muchas las personas que aún viven, testigos de la pasión y alegría evangelizadoras con que nuestra militante de Acción Católica, ya en la madurez de la juventud, vivió los años 1950 - 1955. Más profundamente que en los años de Villarrica, Jesús y la Iglesia se convirtieron para ella en los amores de su vida.

Años intensos, llenos de gestos heroicos y de anécdotas simpáticas, de conquistas apostólicas y de lucha interior. Entre los muchos hechos que se podrían recordar, sólo uno, que testifica la fuerza apostólica de María Felicia y que expresa la amplitud y variedad de su acción pastoral. Nos referimos a la transformación espiritual o conversión del poeta anarquista Marcelino Valiente, encarcelado por sus ideas. Él mismo relataba cómo María Felicia fue a la prisión a visitarlo y cómo empezó a cambiar interiormente ante sus palabras.

Un poeta reconocido y admirado en Paraguay. Recuerdo unos versos hermosos dedicados a María Felicia:

> *"A la grata lumbre de una aurora eterna*
> *contemplé tu imagen, desde mi prisión*
> *tus trenzas sedeñas, caían muy negras, sobre el guardapolvo,*
> *blanco en almidón,*
> *diminuta y ágil, noble, alegre y buena,*
> *cubierta en la gracia, de un limpio candor*
> *y tu rostro blanco, natural y fresco,*
> *agua limpia y mansa de la claridad".*

Esta poesía tiene una historia detrás, que es una hermosa parábola evangélica. Gran poeta era Marcelino Valiente. Pero también comunista empedernido, de los peligrosos, según el gobierno de entonces. Por eso siempre que había un acontecimiento político de relieve en Asunción, D. Marcelino era cliente seguro de la cárcel, por razones de seguridad. Vida triste, humillada e injusta, la suya. Tantos días y horas de amargura desesperante en la cárcel de Tacumbú.

María Felicia lo sabe, ¿cómo? No importa. Lo suyo es actuar. Y así, un día cualquiera se decide a visitar a D. Marcelino. Llega a Tacumbú y dice a la guardia que desea entrar y hablar con D. Marcelino. ¡Imposible! Es la respuesta del guardia: no sabemos quién es Vd., es muy joven y D. Marcelino es un tipo peligroso. Dice quién es e insiste: porque tiene derecho y es persona mayor. El guardia duda, pregunta y por fin le abre la puerta y le indica dónde está D. Marcelino. Allá, hacia la mitad de un pasillo muy largo, sentado en un banco, solo. María Felicia, segura, se dirige a él:

> *Buenos días.*
> *Buenos días.*
> *¿Tengo el gusto de estar con D. Marcelino Valiente?*
> *¿Sí, y quién es usted?*
> *Yo soy la señorita María Felicia Guggiari, a quien familiarmente llaman Chiquitunga.*
> *¿Y para qué ha venido?*
> *Para traerle un doble regalo: a Cristo y a la Iglesia.*

Así de directa y clara era María Felicia en su apostolado. Sin respetos humanos, ni miedos. Con la libertad del Evangelio.

D. Marcelino no entiende, se queda en silencio y la mira atentamente. Es lo único que él recordará: el encuentro con su mirada limpia y transparente. Esa mirada era como una palabra amorosa, que seguía hablándole.

María Felicia, fiel amiga de los necesitados, volverá siempre que se entera que D. Marcelino está en la cárcel. Hasta que, pasado el tiempo, no sabemos cuánto, sucede lo que ella se temía. Es de noche, más o menos hacia las 10 de la noche. D. Marcelino va caminando por la calle contigua de la parroquia de la Encarnación, una zona socialmente peligrosa. En un momento se percata de que alguien le sigue, se vuelve a mirar y, con enorme sorpresa suya, ve que es María Felicia:

> ¿Qué hace Vd. por aquí, a estas horas?
> ¿Y Vd. a dónde va?
> Voy al río, a puente Remanso, a suicidarme.
> No, Vd. ahora viene conmigo a donde un sacerdote, para confesarse.

D. Marcelino, el comunista revolucionario y rebelde, vencido y derrotado por algo que no sabe lo que es, se deja llevar hasta la casa de D. Secundino Núñez, que le está esperando con los brazos abiertos, como el padre de la parábola del hijo pródigo, y se confiesa. A nosotros nos asalta la curiosidad. ¿Cómo supo María Felicia la situación fatal en que se encontraba D. Marcelino? Nadie ha podido responder.

En el poema *"Memento"* cuenta agradecido las visitas que a él, pobre y enfermo, yaciendo en un mísero tugurio, le hacía María Felicia, llevándole consuelo, esperanza y fe. El cambio definitivo se operó cuando una noche vagaba él como desesperado y se encontró con ella en la calle. Esa noche María Felicia le explicó qué es ser cristiano y eso -dice- dio luz a mi fe, afirmó mi fe definitivamente.

Esa noche ella fue:

> *"el puente sagrado y bendito que utilizó el Padre, Amor infinito,*
> *para darme gracias, salud, fe y amor".*

Marcelino Valiente canta su bravura evangelizadora y la sintetiza así:

> *¡Chiquitunga!, su nombre de batalla,*
> *terrible, aunque de diminuta talla;*
> *estudiantes y obreros la admiraron…*
>
> *Y los pobres, los presos, los enfermos*
> *la tuvieron también por esos yermos,*
> *y por ella su fe recuperaron.*

UNA AVENTURA DE AMOR: LA "NOVELA ROSA"

Esta aventura de amor bien podría decirse, se abrió en la primera infancia de aquella mitākuñaí (niña) diminuta, que frente a la imagen de María con Jesús en sus brazos y luego frente al Sagrario, sintió el atractivo encantador de los Corazones de Jesús y de María, hasta convertirse en "la enamorada de Jesús".

EL ENCUENTRO CON SAUÁ

Pues bien. A tres meses escasos de su llegada a Asunción, el encuentro ocasional con un joven de Acción Católica abrió una relación afectiva que se trocó en enamoramiento con no pocas ni pequeñas consecuencias.

> *"¡Qué hermoso sería tener un amor, renunciar a ese amor, y juntos inmolarlo al Señor por el Ideal".*

En una asamblea de Acción Católica el estudiante de Medicina Ángel Sauá Llanes, tuvo una conferencia. María Felicia sintió una viva admiración por aquel joven que repetía con entusiasmo:

"A lo único a que tenemos derecho los socios de Acción Católica es al martirio".

En el descanso, la joven apóstol fue presentada al fervoroso dirigente, que la conocía de oídas. Esa comunión de ideales produjo una honda sintonía entre ellos e hizo surgir un mutuo y sincero afecto. Él se ofreció a acompañarla en sus visitas a los barrios marginales, a los que sería temerario acercase sola una joven. Y empezaron a pasar las tardes de los domingos ayudando a los enfermos de las familias pobres de Barrio Obrero: "yo como joven estudiante de Medicina, ya casi médico; ella, como maestrita de una escuela de ese Barrio convertida en enfermera en esas circunstancias. Gradualmente, casi sin darnos cuenta -dice Sauá- nuestra amistad fue transformándose en una atracción mutua".

En efecto, nuestra joven apóstol se sintió enamorada, y se preguntaba qué quería decirle Dios con eso. ¿Será que el Señor la llamaba al matrimonio como a los padres de Santa Teresita?

A lo largo de 12 meses, hasta mayo de 1951, mientras, por una parte, seguía viviendo la ofrenda de su virginidad, por otra, oraba y esperaba. Muchos advertían que aquel noviazgo, donde no existían efusiones románticas, no tenía características de tal. El mismo Sauá, recordando aquellos días, puede aplicar a ella los calificativos más hermosos: "¡Pura, virgen, inmaculada!".

En cambio, su papá estaba feliz, porque creía que el Dr. Sauá era su pretendiente. Ya no ponía reparo alguno a las salidas apostólicas de su hija. Pasaba el tiempo y María Felicia no acababa de ver claro.

Ángel Sauá compañero de María Felicia en el apostolado de Acción Católica.

Se decidió, pues, a consultarlo por carta con el P. Prieto. Y el P. Prieto respondió, dando luz verde al noviazgo y futuro matrimonio. ¡Qué maravillosa pareja de apóstoles de Acción Católica podrían formar los dos! Es lo que debía de soñar el P. Prieto.

Eran ya los primeros días de mayo de 1951. Y justo por esos días Sauá reveló a María Felicia "su secreto": tenía el pensamiento, aprobado ya por su confesor el P. Bogarín, de ser sacerdote, y un plan: terminada su carrera de medicina, iría a hacer un posgrado en Madrid, y allí diría su última palabra.

La reacción de la joven enamorada fue admirable: «Lo escuchó con atención, lo comprendió, lo aceptó con admiración y me prometió que haría todo lo posible para ayudarme a realizar tan sublime deseo."Estaré a su lado, día y noche, rezando y ofreciendo mi vida, para que Ud. pueda ser, si Dios lo quiere, un santo sacerdote -me decía-, y si no podemos unirnos aquí en la tierra, nos uniremos un día en el cielo, al fin de los tiempos"».

María Felicia, en su trato con Sauá, precisamente para mantener distancia, nunca le tutea, ni por escrito ni de palabra, a pesar de que él la tutease a ella.

Desde ese momento -escribe Sauá- "nuestra relación se sublimó así en un verdadero amor místico, privado de todo componente erótico y, conscientemente, acordamos presentar nuestra situación ante el ambiente familiar y social que nos rodeaba, como si fuese una normal relación sentimental entre dos jóvenes de nu*estra edad. Así, por ejemplo, una vez, después de haber dona-do nuestra sangre p*ara la intervención quirúrgica de una enferma de cáncer, me escribió Chiquitunga una conmovedora carta, en la cual me decía que nuestra sangre que debía mezclarse en las venas de un hijo, se había mezclado en el corazón de un pobre".

A lo largo de 1951 se les fue clarificando el designio de Dios, y el 1 de octubre los dos jóvenes hicieron su desposorio espiritual: se unieron espiritualmente en el Corazón Inmaculado de María, para, a través de él, entregarse a Jesús. ¡La suerte estaba echada! Sauá partiría, el próximo abril de 1952, a completar estudios en Madrid y allí tomaría su última decisión.

La víspera de la partida, Miércoles Santo, hicieron ante Dios el compromiso de separación: "Comprendí bien, y porque lo quería en verdad a Sauá, que la sublimidad de su ministerio era insuperable. Por eso es que quiero decir, Señor, que fue precisamente el amor el que me llevó a actuar así".

Como recordatorio del compromiso, María Felicia regaló al amigo que se iba, un conmovedor dibujo de ella misma abrazada a la Cruz, entregándolo a Jesús para sacerdote suyo. Sauá, a su vez, la entregó una pulsera de plata con el nombre de MIEKE que era el nombre cariñoso con que él la llamaba.

María Felicia sentirá desde ahora su vida íntimamente vinculada a su sacerdote y a todos los sacerdotes. Escribía entonces: «*Días semejantes por los* que estoy pasando, sólo sabrán valorarlos aquellos que hayan pasado estos instantes inigualables de felicidad, por aquello de que el 'primer paso' es el comienzo del fin».

Pero, en realidad, comenzaban unos meses de soledad e inseguridad, ya que en el plan preparado quedaban muchos interrogantes.

- Su propio futuro: ¿cómo y dónde iba a realizar ella su consagración?

- El futuro de Sauá: ¿perseveraría en su propósito?

- La reacción del padre sirio musulmán de Sauá: sin duda sería terrible.

- La reacción de don Ramón, que estaba tan ilusionado con el "supuesto noviazgo" de la hija, no era difícil de sospechar.

- Estaba el problema de su propio corazón, con tanta capacidad de amor.

Ella misma recuerda su modo de reaccionar: "Cuando a veces quiero ponerme triste, me sobrepongo con el pensamiento de la Providencia, y termino con un canto de Acción de gracias. Que se cumpla, Señor, tu voluntad y no la mía".

*Brazalete que regaló, a su vez, el Dr. Sauá a Chiquitunga.
Está grabado con el nombre que él la puso "MIEKE"*

EL APOYO DE LA M. TERESA MARGARITA

En medio de esta inseguridad, María Felicia necesitaba una dirección espiritual que no tenía, tanto más que, durante el mes de junio de ese año, se recrudeció su crisis afectiva, y en julio y agosto se llegó a resentir su salud. Todo lo ofrecía por Sauá, "para respaldar su sacerdocio". Al finalizar la nota de su Diario la noche del día 19 de agosto, nada hacía prever lo que iba a acontecer el día 20.

Y fue que le dijeron que la M. Priora del Monasterio de las Carmelitas Descalzas recién fundado en Asunción, había sido internada en el Hospital Español. No iba a ir, pero fue y, "gracias a ello, hoy cuento con una madre que ¡iba de recordarme siempre! Como hace mucho tiempo, hoy he sentido nuevamente esa protección que tanto me parece necesitar".

Ella se había abierto y desahogado. Una frase de la carmelita se le grabó profundamente: "Sólo debo preocuparme de que mi amor se centre de nuevo todo en él, en Jesús".

Al día siguiente, releyendo las últimas palabras, le parecía soñar que había "habido un paréntesis entre mi anterior amor a Dios, luego el período de mi amor humano, y otra vez a encauzar mi amor a Dios". Puede "que algo de eso haya -dice-. Pero no es menos cierto que, durante este período de casi dos años y más, este amor humano haya sido el móvil que me llevara a mi Dios". ¡Admirable! "¡Señor! Tú que conoces a fondo el pecho mío, ¿verdad que no he ofendido a tu amor con este amor?". No. Nunca le había ofendido con su amor a Sauá.

Desde este día desaparece para siempre en la joven el sentimiento de soledad.

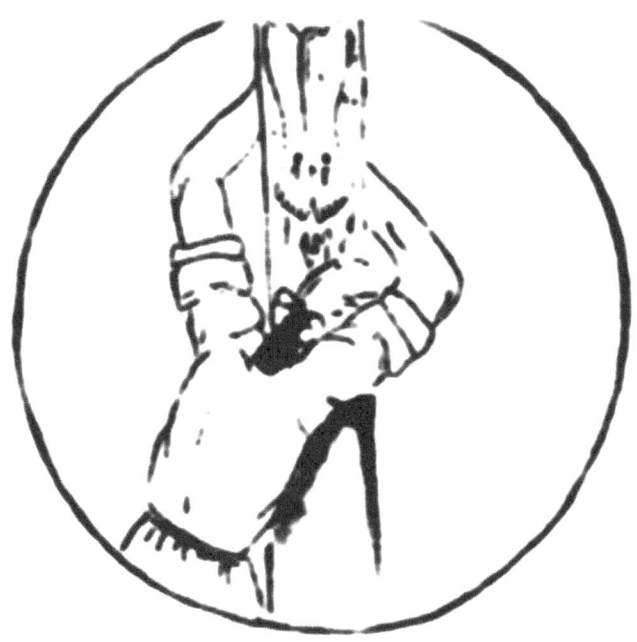

1952: 9 de abril. Miércoles Santo: deciden ella y Sauá su separación en Dios y para Dios. Chiquitunga regala a Sauá este dibujo hecho por ella misma, abrazada a la Cruz, entregando a Jesús el amor que tenía a Sauá.

Los siguientes van a ser meses de espera tensa, porque si Sauá desistiese de su propósito, ¿qué le querría decir Dios con ello? Pero entretanto profundiza su vida cristiana en todos los aspectos. Incluso aflora cada vez con más fuerza su antigua idea de la entrega total a Dios en la vida religiosa. Dentro le seguía hiriendo la saeta que la carmelita le había dejado clavada en su alma: "Que mi amor se centre de nuevo todo en Él". Por eso, para vivir integralmente ese amor, "quisiera estar ya en mi lugar definitivo, libre de estas cosas que me atan, y vivir la plenitud de una vida integralmente ofrecida!". Estaba apuntando la vocación al Carmelo.

Espera tensa, pero espera reflexiva y activa. No era la actitud de un amor humano obsesivo, sino la de un amor cristiano que, desde el amor a Dios sobre todas las cosas, se preguntaba reflexivamente cuál era la voluntad de Dios sobre ella; y por eso igualmente nada en ella de sueños románticos, sino impulso de voluntad para buscar en todo la gloria de Dios.

Su intimidad orante y su actividad apostólica en este tiempo asombran: bien en "el movimiento Sector Estudiantes de Acción Católica, que está en plena marcha"; bien en "el Consejo arquidiocesano de la Asociación Señoritas de Acción Católica, para un reajuste necesario"; bien promoviendo "en la parroquia de San Roque un nuevo grupo de obreras, semejante al de la Encarnación"; bien procurando "conseguir cama en el hospital para Francisquita, una enferma pobre de Villarrica", o visitando a la viejecita Gaby enferma, u organizando la Concentración estudiantil del Sector Estudiantes de Acción Católica.

Compañeras de A. C. de apostolado por los barrios más pobres de Asunción. Mª Felicia en primera fila a la izquierda.

Especial relieve tienen en esta temporada las luchas estudiantiles, en las que participa con fortaleza y espíritu cristiano; y sobre todo, está empeñada en las diferentes actividades de Acción Católica: los niñitos de la Cruzada, las "Pequeñas" de la Asociación Señoritas de Acción Católica, la campaña de la Pureza con las obreras de las fábricas de tejidos de la parroquia. ¡Ah! ¡Y la larga preparación de un mes y ejecución detallista de la Primera Peregrinación de jóvenes (alrededor de 1200) al Santuario de Caacupé el 22 de septiembre!

La carta esperada de Sauá le llegó el 16 de noviembre. El joven doctor, ya en Madrid, "convencido más que nunca -dice él mismo- de mi intención de ingresar en el Seminario", se lo comunicaba a María Felicia, que ese día en su "Diario A" rebosa felicidad y se ofrece por el sacerdocio del amigo y por todos los sacerdotes con total generosidad: "Que sea un ministro más que nada santo. ¡Aunque yo no lo vea en este mundo, Señor! Toma, toma mi vida; yo te la entrego, Señor. Hasta quisiera pedirte (y sí te lo pido, Jesús) que, si tuviera que desdecirme, me enferme con lo que sea, con tal que mi vida sea una inmolación constante, una inmolación continua por mi Sacerdote y por todos los Sacerdotes del mundo".

El desenlace de esta "novela rosa" podría parecer ya próximo, pero, en fuerza de los citados interrogantes se iba a prolongar dos años más, en los que seguirá cumpliendo generosamente su lema: Todo te ofrezco, Señor. "¡Señor! Calma mis ansias de amarte, amarte hasta el delirio, amarte hasta la muerte". Pero la asaltan también incertidumbres. Todas las supera echándose

con confianza en los brazos de Dios. "Quisiera poder en todo y siempre decir: ¡SÍ, PADRE!, conformando a Tu divina voluntad mi pequeñita voluntad".

Para descubrirla, anhelaba unos ejercicios espirituales, dejando de lado por unos días su actividad desbordante, por más que escriba precisamente por estos días: "Con el temperamento que tengo, ¡estar quieta me mata!".

Los ejercicios fueron ignacianos, bajo la dirección del P. Ramón Bogarín. Al día siguiente de concluirlos, el 12 de enero de 1953, cuando cumplía 28 años, escribía: "Señor, una nueva etapa de mi vida, ofrecida integralmente a tu santo servicio, alabanza y reverencia. Haz que hagamos realidad solamente tu Voluntad". Y Dios le pide entregarse en cuerpo y alma al Divino Esposo en un convento ¡En un convento! ¿Será capaz? Sí, con la gracia de Dios. La decisión estaba tomada.

Pero ¿dónde? El 1953 va a ser un período de reflexión, oración y búsqueda del lugar que Dios le tiene reservado en la Iglesia.

La divulgación del "secreto" tuvo, por fin, lugar luego de un mes de descanso en el Guairá. A su regreso se encontró con carta de Sauá y en ella con una frase decisiva: "¡No veo la hora feliz de mi ingreso al Seminario!". Había llegado el momento de revelar el secreto.

El día 17 de febrero durante el brindis nupcial de la prima Yaya, "entre bromas y veras les hice leer a los presentes el pedacito...

Casi se caen de espaldas". ¡Estalló la bomba!

La oposición familiar fue durísima: le reprochaban que no había sabido ganarse al muchacho que la festejaba, que la habían embaucado los curas, etc.

La oposición del papá de Sauá se presenta estremecedora, pues ¡estaba tan encariñado con aquella futura nuera! María Felicia valientemente viajó a darle la noticia cara a cara y a poner una mirada de fe en lo que estaba aconteciendo. Pero don Manuel amenazó con volverse solo a su patria, Siria.

Pronto le llegó a Sauá noticia del despropósito que el papá imaginaba y volcó su angustia en María Felicia. Quisiera -le decía con frase de Ganivet- «"arrancar el corazón, arrojarlo lejos y poner en su lugar una piedra"». "No, no hay por qué -le responde ella- ... Cámbielo, cámbielo, hermano mío, con el Corazón de Cristo, o junto al suyo ponga ese Corazón que tanto ha amado a los hermanos, y todo se arreglará. ¡Verá Ud., Sauá, qué dulzuras y qué consuelo!" Y le asegura: "¡No se encuentra solo en la lucha!".

Pero a solas le asaltaba la inquietud: ¿Y si Sauá se echase atrás, qué haría ella? Y se respondía con respuesta orante: "Ayúdame, Jesús mío, a aceptar plenamente con alegría Tu Voluntad, ¡sin inquietarme!; a recibir con calma todas las pruebas, a no impacientarme con la no respuesta insistente. ¡Qué queréis, Señor, de mí!".

En los últimos meses del año el horizonte familiar de Sauá se ensombreció sin esperanza. Don Manuel, en el paroxismo de su rechazo, cuenta Sauá, "expulsó a mi madre y a mis hermanos de casa, inició una causa de separación matrimonial, agredió con violencia verbal y, según parece, también físicamente, al P. Bogarín". E inició los trámites judiciales para disolver el matrimonio, si no regresaba el hijo de Roma. "El único consuelo externo, en esos meses infernales, me venía de la buena Chiquitunga, que me escribía con frecuencia, haciéndome llegar palabras de aliento y comprensión, que me estimulaban a seguir adelante".

Por su parte, la joven llegó a preguntarse, si, con esos acontecimientos, no estaba Dios mostrando que el camino para Sauá no era el del sacerdocio. Y desde la total sublimación de su afecto, confiesa: "Me imaginé muchas veces su regreso, pero nunca pude sinceramente ver con felicidad, aun la más escondida, nuestra unión en el matrimonio".

La Noche Buena de 1953 fue una noche oscura, en la que María Felicia renovó en fe y esperanza sus promesas de consagración total al Señor, y escribía: "Estoy segura, sin embargo, de que después de esta borrasca, llegará el inigualable día de bonanza". Era esperar contra toda esperanza.

¡Todo parecía perdido! Pero "¡después de la borrasca, la calma, o mejor, después de la Prueba de Dios, el premio, hermano mío, ¡y como por milagro!", escribe ella misma a Sauá el 7 de enero de 1954.

María Felicia con sus padres su hermana Amaú y su sobrino.

En efecto, "después de la segunda ida del Dr. Aveiro a Arroyos (para la disolución de la sociedad conyugal), vino su papá a Asunción a arreglarlo todo pacíficamente, no sin antes hacerlo con su santa mamá. ¡Y es en verdad un milagro, Sauá!".

SERÁ CARMELITA DESCALZA

Tras el "milagro de Reyes", nuestra protagonista se adentró serena, el 17 de enero de 1954, en unos ejercicios espirituales, que iban a ser definitivos. Percibió que el Señor le pedía quebrar su vaso de perfumes a los pies del Maestro, como la pecadora, y dar su Sí a la Palabra de Dios, como María, para concebirla y gestarla. Sabe que, cuando "tenga que nacer esa entrega, ese Jesús de la gracia", con una nueva presencia en su vida de carmelita, María le enseñará "a cuidarlo y amarlo", y así enseñada, "no será tan difícil que lo sepa acunar".

Así salió María Felicia de los ejercicios, resuelta a entregarse enteramente a Dios en cuerpo y alma en la clausura. "¡Todo Te Ofrezco, Señor!"

La espera de la entrada en el Carmelo, se suponía, no sería demasiado larga. Pero en realidad faltaba todavía un año, en el que ella siguió viviendo su esperanza. La vida, los compromisos y las urgencias espirituales continuaban. Más aún, ahora imponían un ritmo más intenso en ese año de espera.

Así, en cuanto al apostolado, además de seguir vinculada a la Acción Católica y otros campos, derrochando imaginación y valentía en nuevos proyectos, este año participó dos veces en misiones en el interior de la República.

El ansia contemplativa de la clausura carmelita no mermaba su entrega generosa y constante al apostolado, sin remitir un ápice en ninguno de los campos de su actividad hasta que llegase el día de su entrega total. Dos campos apostólicos la entusiasmaban en estos días especialmente: la evangelización de los trabajadores a través de la Sección Especial de Trabajadores de Acción Católica, y de un modo singularísimo, la Juventud Obrera Católica femenina, la JOC femenina. Es decir, que casi en vísperas de su ingreso en la clausura, había conseguido por fin lo que tanto había soñado desde sus tiempos de Villarrica: la Juventud Obrera Católica femenina. ¡Llevaba tan en el alma a las jóvenes trabajadoras!

Una compañera, Nélida Amábile Cabrera, recuerda "sus frecuentes participaciones en las reuniones de la Juventud Obrera Católica, sobre todo, el 1° de Mayo, día del trabajador, en que recorría las distintas manifestaciones y festejos que se hacían con ese motivo, incansablemente, a pesar del calor tremendo de esos días, desde la mañana, durante la siesta y la tarde. Ella era una obrera más, con su habitual vestido celeste, sus trencitas y la imborrable sonrisa que iluminaba su rostro".

Y la misma refiere una anécdota que habla de su coraje y valentía en toda circunstancia: "En una ocasión, cruzando la Plaza Uruguaya de nuestra capital, de regreso del local de Acción Católica, me encontré con ella, que llevaba bajo el brazo varios rollos de cartulinas. Cuando le pregunté qué era eso, me contestó como quien lleva el trofeo después del triunfo, que eran los calendarios pornográficos que había conseguido rescatar, cambiándolos por otros con flores o paisajes, de talleres de chapería de autos, herrerías, composturas de zapatos y otros lugares semejantes, a cargo de hombres rudos y hasta violentos a veces. Cuando la escuché, le pregunté cómo se animaba a hacer semejante hazaña y cómo no les tenía miedo a aquellos hombres; a renglón seguido agregué: "«Yo no me animaría a hacerlo»; a lo que ella me contestó: «Si yo me animo, ¿por qué no te vas a animar vos?»"".

Con respecto a su vida espiritual, ésta se hace más profunda, intensificando el diálogo teologal con Dios en fe, esperanza y caridad, que ella vive sobre todo en sus largas vigilias nocturnas en oración y en sus prolongados encuentros contemplativos con Jesús Sacramentado. Por ser Año Mariano, María Felicia estuvo más cerca de María que nunca, con una especial ternura de hija.

En sus relaciones con Sauá, ya completamente sublimadas y centradas en Jesús, de común acuerdo y con generosidad compartida, la correspondencia queda reducida a sólo dos cartas al año. "Es necesario sustraerse a todos y a todo, para que la entrega pueda ser hecha con desprendimiento y generosidad". "Sólo puedo asegurarle que tengo una sed devoradora de entrega".

Pero el papá seguía inflexible; sólo a primeros de diciembre, por fin, cedió. "Ella lo expresó con delirante alegría" -recuerda Freddy- y seguro que corrió a las Madres Carmelitas, a pocas cuadras, a darles la alegre noticia. Y se convino que la fecha de ingreso fuese el 2 de febrero: ¡El día del Ofrecimiento de Jesús a la Voluntad del Padre por manos de María!

LAS DESPEDIDAS

El 12 de enero de 1955 cumplía 30 años; fue el día de la despedida familiar. Ambiente calmo, pero de emoción intensa. El papá con el corazón en los ojos y en la voz, hizo el brindis. *"A mis ruegos, su llanto se tornó en risa, y pidió a Dios le hiciera comprender el misterio de su voluntad"*. Pocos días después fue la despedida a Sauá mediante una última carta, que concluye en una arenga ardiente: *"Dios nos ha ayudado, especialmente a mí; y hoy, feliz como nadie, ¡puedo ofrecerle con más seguridad mis oraciones por su Ideal!*

¡Adelante, hermano mío,
que si dura es la jornada,
en la cumbre está la meta
en la que habemos de llegar;
y en su cima está la palma
para todo aquel que llegue
con los brazos puestos en la Cruz!
¡Ayudémonos, que es áspero el camino,
y vayamos con María hasta triunfar!

Y el adiós: *"Sauá, hermano mío del alma, ¡hasta la eternidad!"*. Y así fue. No volvieron a verse ni escribirse. María Felicia, sumergida con María en el Corazón Eucarístico de Jesús, no volverá a mencionar nunca al amigo en sus ya escasos escritos. Inmolación total del amor humano, para entregarse sin límite al Amor divino.

III.

MARÍA FELICIA
EN EL CARMELO

(1955-1958)

En la mañana del 2 de febrero, todavía desde su casa, escribió en el dorso de una estampita dedicada a una amiga: "En este momento de tanto gozo, sólo esto es mi alimento: Amar a Dios hasta la consumación de todo mi ser".

De una tarde calurosa, la familia Guggiari Echeverría, amigos y simpatizantes se agolparon frente a la puerta de clausura del humilde Carmelo. Vestida con su característico guardapolvo blanco, centraba las miradas. Últimos abrazos y sollozos.

María Felicia avanzó sonriente hacia la puerta reglar, que se cerró tras ella, mientras la hermanita Hamaruth sollozaba: "¡Chiquitunga!, ¡Chiquitunga!" Ella entretanto, ya dentro, iba abrazando una a una a sus seis nuevas Hermanas, e inmediatamente, prisionera ya del Amor, era llevada ante el Sagrario. Se llamaría María Felicia de Jesús Sacramentado. ¡Sería enteramente de Él y para Él! ¡Amar! Éste sería en adelante su "oficio":

> *"Ni ya tengo otro oficio,*
> *que ya sólo en amar es mi ejercicio".*
>
> *(San Juan de la Cruz)*

El 20 de febrero, en plena "luna de miel", escribía: "Hoy hace exactamente 18 días de constantes e ininterrumpidas horas de gozo en este Santo Carmelo, en el que Dios Nuestro Señor, con infinita misericordia, me eligió, y tiemblo, en verdad, al decir esta palabra, conociéndome ruin y pecadora como soy".

Se sentía plenamente feliz en el encuentro contemplativo con el Amado, y lo expresaba en su rostro, palabras y ademanes.

En esta casa empezaron a vivir las carmelitas que venían de
Uruguay a fundar en Paraguay. Aquí ingresó María Felicia.

Una religiosa antigua solía decir: "Dios nos mandó a la Hna.
María Felicia para poner una nota especial de alegría, con su
sonrisa y sus ocurrencias, en la estrechez de aquella primera
casita de c/ 15 de Agosto".

Su sonrisa era flor perenne, y en sus "apuntes" (un humilde y
único cuaderno que le bastó para sus 4 años de carmelita) es
lo que deja traslucir sobre todo. Nadie podría sospechar detrás
de su sonrisa y de las poesías alegres y fraternales, la tormenta
que había empezado a agitarse.

EN PLENA "NOCHE OSCURA"

La oscuridad del espíritu, hecha de inseguridad y dudas, se fue agudizando hasta convertirse en la "noche" más cerrada que nunca había padecido. Se preguntaba: "¿Quiere Dios de mí que me encierre de por vida en el Carmelo, habiendo tanto, tanto que evangelizar en el mundo?" La M. Priora y el confesor recibían sus confidencias y algo se traslucía a otras hermanas.

Pero lo más denso de la "noche" la esperaba durante los ejercicios espirituales para la toma de hábito. Sentía la angustia de estar traicionándose a sí misma, convencida de que no tenía vocación; debía salir, y si no salía, era por ser cobarde.

El día 9 de agosto, resuelta ya a vencer su cobardía, recurrió al confesor, quien le exigió una decisión final. Ella le sugirió "echar a suertes" y el confesor aceptó. La Priora se sometió al procedimiento. Se escribieron dos cédulas. Oraron las dos, Priora y postulante, delante del Sagrario, y luego María Felicia, a los pies de la imagen de María, sacó una cédula y la llevó al confesor. Decía: "Quiero morir en el Carmelo".

Así triunfó la Hna. María Felicia sobre su inseguridad confiándose a la voluntad del Señor, manifestada con procedimiento tan discutible. La consigna de ese día fue: + "Morir + enséñame a morir"; consigna que completó en días sucesivos escribiendo: "Morir para Vivir y Vivir para amar".

Vestida de novia, antes de recibir el hábito de Carmelita.

El día 13, aun sin salir de la "noche oscura", el espíritu aparece fortalecido: en los "deseos grandes, grandísimos de hacer la Voluntad de Dios y nada más" y rebosante de gratitud por la noticia que ha recibido: "La confesión sacramental de mis queridos papá y mamá, y la de que mañana todos me acompañarán en la Santa Misa y Comunión". ¡Tanto había orado por ello! Comenta una de sus hermanas: "Su primer milagro, podríamos decir, fue que papá se llegó a confesar y comulgar cuando ella entró monja".

De la toma de hábito, día 14 del mismo mes, tenemos sólo el acta, pero también un testimonio gráfico: las diecinueve fotos espléndidas que se pudieron obtener a través de la estrecha ventanilla del comulgatorio. Se ve a María Felicia en plenitud de entrega y de felicidad. Ese día comenzó el año de Noviciado.

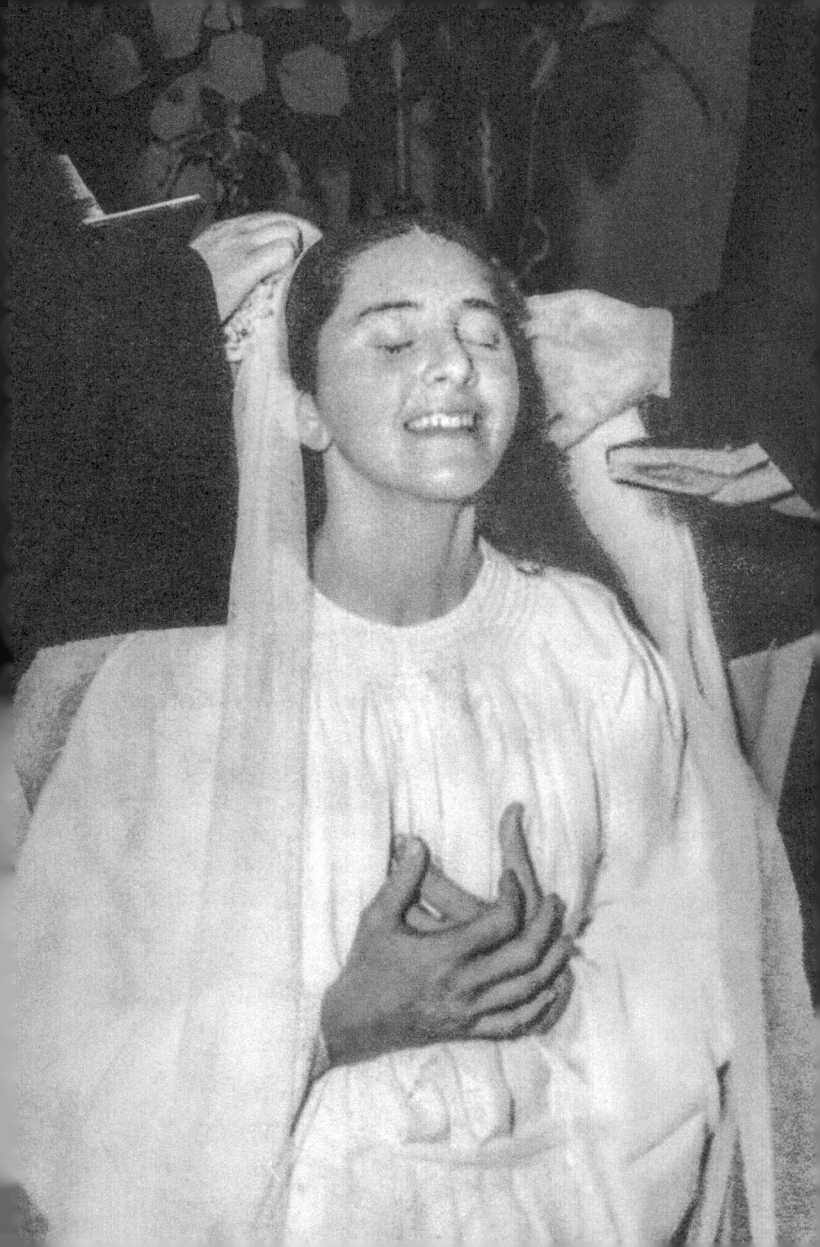

Su formación religiosa de carmelita quedó en manos de la M. Teresa Margarita, Priora y Maestra, que representaba el estilo más auténticamente teresiano, en fidelidad, suavidad y caridad. La Biblia, la Regla y Constituciones y los escritos de los Santos Padres Teresa de Jesús y Juan de la Cruz, éste sobre todo, constituyeron los puntales de su formación carmelita.

La Maestra le imbuyó el espíritu contemplativo primitivo renovado por Santa Teresa de Jesús, y con él el amor a la soledad de la celda en recogimiento y silencio.

La que vivía ya antes en diálogo teologal permanente con Dios, lo intensificó, si cabe, en el monasterio, abierta a un horizonte contemplativo universal, con una predilección singularísima por el sacerdocio, al que había sacrificado todo. Precisamente el año 1956 fue declarado por la Iglesia del Paraguay como Año Vocacional Paraguayo.

Pronto el número de novicias se duplicó: ya eran cuatro. ¡La casa estaba a tope! Así tuvo ocasión de manifestar su "carisma" o nota característica: la caridad alegre, siempre vivaracha y juguetona, pero, al mismo tiempo, la caridad abnegada heroicamente en la pobreza y estrechez de aquel diminuto monasterio.

Podemos admirar también la intensa vida mariana, con que vivía su vida carmelita la Hna. María Felicia: "Bajo el manto de María, muy cerca. Unida a Ella".

La M. Teresa Margarita resume en tres líneas escasas el año del Noviciado, la aprobación para emitir los votos y el acto de la Profesión por tres años: "Su año de Noviciado lo pasó como era de esperar de su generosa alma para con su Dios: no negándole nada de cuanto el Señor le pedía; así que no había dificultad de que nuestra Comunidad la admitiera a la Profesión simple, que tuvo lugar el 15 de agosto del 1956". Hubo naturalmente un acta, y nada más sabemos.

Sin embargo, fue la entrega definitiva y para siempre de la joven al Amor. Emitida canónicamente por tres años, en la mente y corazón de la profesa tenía fuerza de eternidad: ¡para siempre! Y así iba a ser, pues antes de expirar el plazo prometido de los tres años, se uniría al Amado por toda la eternidad.

La vida de profesa temporal la continuó en el Noviciado, completando el programa formativo ya conocido, durante dos años, hasta el 15 de agosto de 1958, ya en el monasterio nuevo de Manorá, fecha en que se incorporó a la Comunidad de Profesas perpetuas para prepararse para la Profesión Solemne o perpetua. ¡Qué no daríamos por conocer el crecimiento espiritual de la Hna. María Felicia en estos años! Pero no escribió nada, nada.

El año 1958 fue el más cargado de acontecimientos significativos y el último de su vida entre las Hermanas, pues apenas comenzado el año 1959, iba a comenzar su subida al Calvario fuera de la clausura, en los Hospitales.

Acontecimiento importante fue la enfermedad del P. Juan C. Prieto, su querido director espiritual. Un tumor cerebral le arrebató rápidamente la vista y una operación de éxito relativo le estaba ocasionando penosas dificultades. El 5 de mayo escribió a sus amistades una carta circular que reflejaba la actitud admirable de su espíritu. La Hna. María Felicia transcribió los párrafos más notables.

El ejemplo del antiguo director la animaba a entregarse enteramente a la Voluntad de Dios, a pesar de las posibles repugnancias de la naturaleza, y a hacer de su vida una Misa: un sacrificio unido al sacrificio de Cristo en la Cruz y en la Eucaristía. Y a fe que antes de un año, llevaría a la práctica esa lección y se adelantaría al P. Prieto en el ascenso a la Gloria a través del Calvario.

Por esos mismos días, 10 de mayo, tuvo lugar el traslado al monasterio nuevo en Manorá, a las 4 de la madrugada. Por fin iba a saborear las delicias de la habitación, que las carmelitas llaman celda:

> *"En soledad la guía*
> *a solas su Querido,*
> *también en soledad de amor herido".*
> *(San Juan de la Cruz)*

Cierto que los Guggiari, todos, grandes y chicos aprovecharon su día mensual de visita, que fue el día siguiente. No había clausura que les impidiese acercarse físicamente a su querida Chiquitunga; la podían abrazar, conversar sin rejas interpuestas, fotografiarse con ella.

El 25 mayo se estableció la clausura provisoria; el día 5 de junio, jueves, se trasladó el Sagrario a la capilla pública, y el día 16 de julio, se puso la clausura papal. Como pez en el agua se vio la Hna. María Felicia en su nuevo monasterio.

Otro acontecimiento singular fue la visita del P. General, Anastasio del Santísimo Rosario: 23-24 de junio. El P. Anastasio, años más tarde Card. Ballestrero, lo visitó todo, lo observó todo y platicó amplia y fervorosamente a la todavía pequeña comunidad de carmelitas. La Hna. María Felicia, profundamente impresionada por la enseñanza vigorosa y exigente del P. General, apuntó algunas de sus consignas más características.

El acontecimiento más decisivo para la Hna. María Felicia en este año fue su salida del noviciado e incorporación a la Comunidad el 15 de agosto, para que las Hermanas Profesas la conociesen mejor y pudiesen dar su parecer cuando se tratase de admitirla definitivamente a la compañía de las Hermanas con la Profesión Solemne.

También fue importante que en el nuevo y amplio monasterio el grupo de religiosas llegó a contar pronto con catorce miembros. Aquellas jóvenes de entonces son las que nos hablan ahora de María Felicia en este último año de su vida: su fidelidad, su fervor, su mortificación y, sobre todo, su caridad, servicialidad y alegría. Se creó en torno a ella una verdadera fama de santidad.

Llegó el tiempo de Adviento y luego las Navidades. Nadie que la viese celebrándolas como solía, con íntimo gozo y con su sonrisa habitual, podría adivinar la cruz que estaba llevando. Su hermana Mañica, la compañera inseparable de infancia, había sido internada con una hepatitis infecciosa, de pronóstico muy grave. El día 7 de enero fallecía Mañica. ¡El golpe fue durísimo!

María Felicia, con lentes, la comunidad y cinco novicias.

IV.

VEN, ESPOSA MÍA, VEN

(1959)

La M. Teresa Margarita resume así, con visión de fe, el comienzo de la enfermedad de la Hna. María Felicia: "Preparándose
con una vida netamente carmelitana estaba nuestra querida
Hermana para la Profesión Solemne, cuando le sorprendió la
voz de su Dios, que la llamaba para sus bodas con el Cordero
Inmaculado; pero serían en el Cielo". La novia estaba ya dis-
puesta para la Boda.

Y continúa la M. Teresa Margarita: "En enero de este año 1959
fue atacada de la tremenda enfermedad "hepatitis". Llamado el
médico, éste declaró la urgente necesidad de que fuese internada en una Clínica; nueva prueba que sufrió esta alma sacri-
ficada con gran resignación". La primera internación fue en el
Hospital de la Cruz Roja, enero-febrero de ese año.

El joven Dr. Freddy Guggiari, que acababa de sentir la dolo-
rosa frustración de no poder salvar a su hermana Mañica de
la misma enfermedad, se empleó a fondo, igual que los otros
facultativos y especialistas. La enfermedad resistía, pero, al
cabo de un mes largo, pareció remitir y la Hna. María Felicia
fue dada de alta. Regresó gozosa al monasterio comenzada la
Cuaresma, con consejo médico de mucho reposo. Pero presen-
tía que no iba a llegar al día de su Profesión Solemne. "¡Tanto
como la deseaba!".

El día de Miércoles Santo, hubo una grande y gozosa novedad:
la Hna. María Felicia "fue dada de alta por los médicos". Por
eso "pidió (y obtuvo) que se le permitiera asistir a los cultos

de Semana Santa, cantando los Maitines y la Vigilia Pascual, ya que tenía una buena voz y fino oído y era muy fervorosa en las divinas alabanzas". Las Hermanas la creyeron curada.

El Viernes Santo, en el silencioso recogimiento de este día, apareció el primer síntoma de su definitiva subida al Calvario. Cuando se acercó a comulgar, el celebrante advirtió en la lengua de la comulgante un moretón. Escribe la M. Teresa Margarita: "El Viernes y el Sábado Santo, comenzaron a presentarse en el cuerpo unos derrames que parecían producidos por golpes. El domingo de Pascua avisamos a su hermano médico, quien, al siguiente día, lunes de Pascua, 30 de marzo, vino con el Doctor que la atendiera anteriormente, diagnosticando tratarse de una púrpura". La hospitalización era urgente.

Una connovicia recuerda el momento emocionante de la partida el día 31. Sonriente y serena, "parecía estar consciente de que estaba en sus últimos momentos; se la veía en paz, tranquila, feliz, diría yo".

No habiendo lugar disponible en la Cruz Roja, fue llevada al Sanatorio "Mayo", clínica privada a la que Freddy estaba vinculado como médico.

Y aquí, la que hacía cuatro años no escribía carta ninguna, ahora, al verse desterrada de su amado monasterio, escribió hasta ocho preciosas cartas a la M. Priora: cuatro desde el sanatorio "Mayo" y otras cuatro desde la Cruz Roja. Gracias a ellas, podemos seguir el proceso de su enfermedad: los acontecimientos exteriores y las disposiciones admirables de su espíritu.

Las cartas desde el Sanatorio "Mayo" (del 2 al 4 de abril) nos muestran la oblación de sus sufrimientos por los sacerdotes. Con la vida de carmelita en silencio y oración que procuraba cumplir en el lecho, siguiendo desde él el horario de los rezos de su comunidad, desde las primeras horas de la mañana, cuando su corazón se orientaba tempranito hacia "su" Jesús Sacramentado. Con su disposición de total obediencia a las órdenes de los médicos de comer, a pesar de su total inapetencia, "todita" la comida que le servían. Así llevaba su enfermedad, en continuo ofrecimiento de sí y en generosa acción de gracias por todo.

Su anhelo era regresar cuanto antes al monasterio, prepararse a la Profesión solemne ya cercana, y poder seguir su vida de carmelita, entregada "a solo Él como en otro tiempo, y a la Santa Comunidad y ¡por ellos, los sacerdotes, las almas todas del Cuerpo Místico de Cristo!, ¡por la Iglesia, Madre mía!".

Un gran acontecimiento tuvo lugar el día 4: la visita del P. Provincial de Burgos, Ludovico de la Virgen del Carmen. Con ocasión de su Visita Pastoral a las casas de América, vino al monasterio de Asunción. Un día se acercó al Sanatorio para saludar a la enferma. No fue larga la conversación con ella, pero lo suficiente para que el P. Ludovico exclamase al salir: "¡Es otra Teresita!".

Cuando en vez de volverla al convento, se decidió su traslado a la Cruz Roja, sospechó ya su gravedad, y su reacción fue la de siempre: "Gracias, Jesús, ¡todo sea por tus Ministros, la Iglesia, la Orden, nuestra Comunidad, Vuestras Reverencias, Madrecita, y, en fin, por todas las almas!".

Al Hospital de la Cruz Roja fue trasladada, en efecto, el día 10, viernes. Los más variados sentimientos, siempre en subordinación a la Voluntad de Dios, se entrecruzan esos días en sus cartas: ansia inmensa de que la lleven al monasterio; deseo de sanar para poder servir como una verdadera carmelita descalza; presentimiento de que Jesús la va a llevar pronto y, sobre todo, ansia de amor: "¡Tengo sed de su amor! Un ansia extraña de entrega total, de inmolación silenciosa y escondida; ¡sufro, como no puedo darle a entender, este destierro! ¡Cada día me parece más verdadera mi vocación, y la amo como solo Dios puede saberlo!"

La M. Teresa Margarita, que sabía el avance inexorable de la enfermedad, dice: "Pedí a los médicos trasladar a nuestra enferma al Monasterio, pues ya que la ciencia nada podía hacer, pudiera estar asistida espiritualmente por sus Hermanas. Pero a esto se negaron los facultativos, alegando que la violencia del viaje pudiera precipitar el desenlace. En tan difícil emergencia, resolví se le administraran los Santos Sacramentos".

El Sacramento de los enfermos lo recibió el 18 de abril. Antes, ¡había que decírselo! Pero ¡fue todo tan natural y sencillo! Ella misma lo cuenta a la M. Priora, dándole "la grande y hermosa noticia de que ayer, por la inmensa Misericordia Divina, Monseñor Moleón me administró el Sacramento de los Enfermos: ¡la Extremaunción! Con toda el alma, paso a paso, ¡fui siguiendo todo cuanto se me hacía! ¡Estaba con tanta paz y felicidad, que no cabía en mí de gozo! En la unción de los sentidos me emocioné tanto, Madrecita mía, que interiormente sólo Jesús sabe lo que pasaba. Yo gozaba con tanta intensidad, que sólo una idea me llenaba toda, y era que en brazos de Nuestra Madre Santísima, me dejara conducir con un Fiat sincero y generoso a lo que Jesús de mí quisiera. ¡He aquí Jesús a tu pequeña esposa! ¡Tu pequeña esposa! ¡Pronta para la Boda!".

El día 20, lunes, recibió la visita más consoladora que podía soñar: la visita de las MM. Teresa Margarita, Priora, y Eufrosina, Supriora, que ante la gravedad progresiva e irreversible de la enfermedad y la imposibilidad de trasladarla al monasterio, obtuvieron del Sr. Arzobispo el permiso de visitarla y llevarle el consuelo de la fraternidad teresiana.

Pero además tuvo otra visita, que cuenta ingenuamente en carta a la Madre Priora: la de la Santa Madre Teresa de Jesús; un fenómeno con visos de extraordinario. La Santa Madre, acompañada de Santa Teresita del Niño Jesús y la Beata Isabel de la Trinidad, estuvieron fortaleciéndola. Claro que tampoco puede dejar de contar la gran humillación de haber tenido que regresar del baño a la cama arrastrándose a gatas. ¡En qué han venido a parar sus antiguas correrías apostólicas! ¡Todo lo ofrece y sacrifica al Señor! "En fin, que estoy hecha un cachivache. Lo que Dios quiera y cuando él quiera". Es su consigna.

A las 6 de la tarde del día 27, mientras Magalí le daba un caldito, le dijo sonriente: "Yotu, no veo". Comenzaba la agonía. Acudieron los médicos. En plena conciencia, quiso ella se avisase a la M. Priora que se acercaba el momento. Llegó ésta con otras dos hermanas a tiempo para recibir la renovación de los votos de la enferma, porque poco después empezaron fuertes espasmos, que la privaban por un tiempo de los sentidos.

Los muchos testigos que la rodeaban, han conservado vivos los recuerdos de aquella larga noche. La enferma cayó en coma varias veces, para volver luego en sí. Una de ellas, exclamó sonriente: "¡La quedé! ¡Jesús está jugando conmigo!" Como si, en efecto, jugase con Jesús "al corro" y esperase salir por fin.

Freddy, que la atendía permanentemente como hermano y como médico, recuerda las palabras que le dirigió a él: "Mi hermanito querido: te agradezco todo lo que hiciste por mí. No vayas a tomar esto como un fracaso médico. Es el designio de Jesús". La agonizante pidió le recitasen el poema "Vivo sin vivir en mí" de Santa Teresa de Jesús, y ella acompañaba despacito: "Que muero porque no muero". ¡Y sonreía!

Aquí Mireya relata un fenómeno extraño corroborado por otros testigos. Poco antes de las 04:10 de la madrugada, "mi hermano el Dr. Freddy, que estaba sosteniéndola en ese momento, dio media vuelta y con un gesto afirmativo de la cabeza nos indicó que ya murió". Empezaron, pues, a desconectarla de los "aparatos", y entonces sucedió "lo extraño".

Lo cuenta la M. Priora así: "De pronto a la enferma se le iluminó el rostro con una inefable sonrisa; levantó las manos que tenía unidas, apretando el crucifijo de la Profesión, hasta la altura de la frente y con voz fuerte y clara dijo: Papito querido, soy la persona más feliz del mundo; ¡si supieras lo que es la Religión Católica! Y agregó, sin borrarse la sonrisa de sus labios: ¡Jesús, te amo! ¡Qué dulce encuentro! ¡Virgen María! Plácidamente su alma voló al Creador, quedando estampada en su rostro la dulce y característica sonrisa que la había animado en vida".

Ya inmóvil, estrechaba el Crucifijo de su Profesión, signo de su desposorio con Jesús en la tierra, mientras el Esposo en el cielo la estrechaba contra su Corazón.

> *"Gocémonos, Amado,*
> *y vámonos a ver en tu hermosura"*
> *(San Juan de la Cruz)*

Las exequias fueron una proclamación espontánea e inesperada de su fama de santidad en el pueblo de Dios: "Por las rejas pasaban rosarios u otros objetos para que tocaran sus restos; rosarios, flores, misales y otras cosas como ésas".

"El acompañamiento hasta su sepultura en el cementerio fue imponente". Apretujada entre los monumentos funerarios, la muchedumbre lloraba, oraba y escuchaba. Una frase se repetía con convicción: "Ha muerto una santa".

El mismo día de la muerte feliz, el poeta Vicente Lamas compuso un hermoso poema:

SOR LIRIO

Era blanca y suave. Un candor de jazmines
perfumó su sendero de purezas lustrales.

Su fervor, encendido por celestes confines,
trasuntaba la gloria de los cirios pascuales.

En sus manos ungidas florecían los lirios
y en su pecho la gracia era cual llama viva,
encendida ante el ara de los sacros martirios

Del amor infinito, como ofrenda votiva.

Era blanca y suave. Su fragante dulzura
perfumaba las almas de bondad y ternura;
por eso en el convento la llamaban Sor Lirio.

Fue su vida perfume, y candor, y armonía;
y en la ofrenda suprema de su santa alegría
murió de luz Sor Lirio, como un divino cirio.

Asunción, 28/IV/1959

La tumba fue el primer lugar en que se manifestó la confianza de los cristianos en la intercesión de su santita. "Cuando recién murió, en las visitas que hacíamos a su tumba, encontrábamos esquelitas o notas que decían, por ejemplo: Muchas gracias, Chiquitunga, por los favores recibidos, y también pedidos de gracias o agradecimientos. Eso fue más o menos durante dos años". Así dicen los familiares.

Los traslados del cuerpo de una tumba a otra ¡hasta tres! parecen haber sido motivo de que sus devotos se desorientasen y de aquí, como consecuencia, que disminuyesen esas manifestaciones de confianza.

EPÍLOGO

Con ocasión del primer traslado del cuerpo del cementerio al convento, se advirtió que su cuerpo presentaba una "incorrupción" inusual. Al saberlo, la M. Teresa Margarita dijo con sencillez que "quizás Dios quería glorificarla, pues había sido una religiosa muy virtuosa".

En el cuarto aniversario de su muerte, el 28 de abril de 1963, Ángel Sauá, ordenado ya sacerdote, se acercó al cementerio de la Recoleta y volvió a ver todavía en su rostro "la sonrisa inefable" que hacía 11 años le había despedido. Celebró la Santa Misa y concluyó su homilía recordando los cuatro aspectos fundamentales de la santidad de la Hna. María Felicia: su amor a Cristo, su servicio a Cristo en el pobre, su labor evangelizadora sin límites y su entrega por la santificación de los sacerdotes.

Fue el epílogo de la "novela rosa". Luego de dejar ver de nuevo su rostro sonriente al sacerdote que ella había ofrecido al Señor, su cuerpo virginal volvió al polvo.

Quiero concluir esta pequeña Vida con unas palabras autorizadas de Mons. Felipe Santiago Benítez, arzobispo emérito de Asunción, escritas en la Carta con que solicitaba a la Santa Sede la introducción de la Causa de Beatificación y Canonización de la Hna. María Felicia de Jesús Sacramentado.

"Son muchos los campos de la Iglesia en los que esta joven religiosa paraguaya, va a proyectar su entusiasmo evangelizador y su entrega heroica al hermano, pues fueron muchos los espacios donde ella se hizo presente con su vida y actividad; los movimientos y grupos apostólicos de laicos, los niños y los jóvenes, los enfermos y marginados, los obreros, la vida consagrada y contemplativa. Su espíritu y temperamento poseen una extraordinaria fuerza para arrastrar a muchos jóvenes a la coherencia de fe en el mundo, al compromiso apostólico, a la vida consagrada".